AF267024

LA

CROISADE DES FEMMES

EN FAVEUR

DES

CHRÉTIENS DE SYRIE

LA
CROISADE DES FEMMES

EN FAVEUR

DES

CHRÉTIENS DE SYRIE

PAR

ÉDOUARD GOUIN

MEMBRE DE L'INSTITUT HISTORIQUE

Auteur de l'*Egypte au XIXe siècle*, de l'*Histoire de l'Empire de Turquie*, etc.

———

PARIS

CH. BLERIOT, ÉDITEUR, RUE BONAPARTE, 25

ET CHEZ TOUS LES LIBRAIRES

—

1860

LA

CROISADE DES FEMMES

EN FAVEUR

DES

CHRÉTIENS DE SYRIE

PREMIÈRE PARTIE

—

Le fer, le feu, voilà quinze ans bientôt, attristaient déjà le sol de l'Asie.

Le sang, par flots torrentueux, ruisselait, débordait et roulait des montagnes.

Les larmes inondaient et noyaient les vallées, telles qu'une mer orageuse.

L'abomination de la désolation était venue s'asseoir au dedans des lieux consacrés.

Les cèdres du Liban avaient vu sous leur ombre le vieillard apporter le fardeau de ses tristesses et de ses abandons ;

Les sables de la Syrie avaient vu passer la jeune fille en

deuil, aux longs cheveux épars, redemandant à Dieu sa mère, son fiancé.

Notre France entendit ces lointains désespoirs. Elle s'émut, elle s'efforça d'alléger tant de navrantes misères.

Le sexe né pour la consolation, pour la pitié, pour les élans généreux, se leva d'un seul bond et donna le signal des largesses fécondes.

Les plus grandes et plus nobles dames s'organisèrent en une sainte ligue.

Elles firent un chaleureux appel à tous les cœurs bien placés.

Nos frères d'Orient respirèrent soulagés.

Pourquoi ce digne exemple d'hier ne serait-il pas imité aujourd'hui ?

Mille fois plus désastreuses apparaissent les calamités nouvelles ; mille fois plus efficaces, plus actives, doivent s'épanouir les puissances rayonnantes de la charité.

En l'année 1845, dans la saison où se récolte la soie, où les chrétiens des hautes collines vont çà et là se dispersant par faibles groupes à travers les plantations de mûriers, les assassinats isolés donnèrent le signal de luttes plus sanglantes.

Puis voilà qu'un beau matin d'été, les agresseurs, les Druses accoururent en masse, la torche et le yatagan à la main.

Les villes furent incendiées, les récoltes mises à néant,

les églises renversées, les couvents détruits, les vases saints du culte de Christ portés aux bazars de l'Islam.

Le carnage eut son tour.

Depuis Saïda jusqu'à Beyrouth, jusqu'à Damas, les populations fidèles au vrai dogme tombèrent sous la trahison et la barbarie musulmanes.

Les hommes furent immolés, les femmes outragées, les enfants brisés contre la pierre.

Le vénérable père Charles, qui avait vécu dix ans chez ses meurtriers, passant ses jours à instruire la jeunesse, à soigner les malades, fut poursuivi de refuge en refuge. Lâchement atteint dans sa retraite dernière, il fut lié par les mains, garrotté par les pieds. Après quoi, il vit mettre le feu à ses vêtements de ministre du Seigneur, et mourut en martyr, dévoré par les flammes.

Dans ces lamentables extrémités, les tribus maronites transmirent à notre gouvernement une supplique où se déroulait le douloureux tableau des malheurs endurés, et où les victimes invoquaient le secours armé de la France.

L'aide officielle ne fut, hélas! départie que d'une main avare.

C'est alors que, du fond de l'Orient, un prélat éprouvé, le suprême pasteur du troupeau frénétiquement assailli, Mgr Abdallah Boustani, chef du diocèse archiépiscopal de la Terre-Sainte, crut devoir faire parvenir ses vœux éplorés d'assistance à nos mères, à nos sœurs, à nos amantes; au sexe, je l'ai dit, des pieuses impulsions.

Le message, des premières et blanches mains auxquelles il avait été remis, vint à cette époque sous nos yeux. Il était formulé en termes si persuasifs, si touchants et si onctueux, que nous en fîmes relever et gardâmes copie.

Nous allons donner ici le document élevé par les circonstances actuelles à la hauteur d'un précieux et curieux manifeste. Ses développements offriront d'eux-mêmes un intérêt à part, envisagés au point de vue de la comparaison historique.

Voici la requête épistolaire de l'archevêque, datée du vingt décembre mil huit cent quarante-six :

AUX FEMMES DE LA FRANCE

DONT LES VERTUS, LA GRACE ET LA PIÉTÉ SONT SANS TACHE,

DIEU ACCORDE LA VIE ÉTERNELLE!

« Après avoir adressé au Dieu tout-puissant, créateur de toutes choses, nos ferventes prières pour qu'il conserve votre vie et votre santé, et qu'il répande sur vous les trésors de ses grâces,

» Nous vous dirons que nous avons déjà envoyé au peuple français une adresse de la nation maronite et de nous, dans laquelle nous rapportons les maux inouïs dont les Druses et autres infidèles nous ont accablés, ainsi que les autres catholiques de Syrie.

» Toute l'Europe connaît d'une manière certaine cette épouvantable catastrophe, cette guerre impie dans laquelle le sang du juste a coulé comme l'eau. Les églises, les couvents, les colléges ont été ruinés; les femmes, les jeunes filles, les vierges consacrées au Seigneur, ont été l'objet d'odieuses violences ; les images saintes , les croix bénies, ont été livrées aux flammes ; les ministres de Dieu sont devenus le jouet des barbares ; les demeures des chrétiens ont été renversées, et toutes leurs propriétés saccagées jusqu'à deux et trois fois.

» Personne n'ignore aujourd'hui la profonde misère à laquelle sont réduits les chrétiens nus, affamés, fugitifs, errant dans les déserts et lieux sauvages, n'ayant pour toute nourriture que des herbes bouillies, pour couche la terre dure, pour toit le ciel ; car, de tout ce qui leur appartenait, il ne leur reste plus rien qu'un sol inculte et dévasté.

» Il y a bien longtemps, depuis la première et la seconde guerre, que nous gémissons sous le poids insupportable de ces amères tribulations ; il y a sept années que cela dure, il y a sept années que nous nous résignons : beaucoup d'entre nous sont déjà morts écrasés sous le poids de leurs maux ; et pourtant, pour les accroître encore, après la première guerre, au moment où nous commencions à relever nos demeures, les ennemis ont exigé de nous un tribut de trois années, et beaucoup d'entre nous ont été forcés de vendre le peu qui leur restait pour satisfaire l'empire ottoman.

» Nous ne vous raconterons pas toutes les persécutions cruelles dont cette circonstance a été le prétexte.

» A peine avions-nous relevé, comme nous l'avions pu, nos églises et nos maisons, et réparé, autant qu'il nous était possible, nos désastres, que les ennemis se sont levés tout à coup et plus cruels encore que dans la première guerre. Ils ont de nouveau détruit et ravagé tout ce qui nous avait coûté tant de peine à renouveler.

» Tous les maux dont ils nous accablèrent furent accompagnés d'horribles barbaries. Comment vous raconter ces choses ? Les petits enfants déchirés en deux parts ; d'autres hachés à coups de sabre avec le sein qu'ils suçaient encore, avec les mains maternelles qui cherchaient à les garantir; d'autres tombant sur le corps de leurs mères percées du coup qui leur donnait la mort. Les ennemis n'ont pas même respecté les pauvres créatures qui n'avaient point encore vu le jour; ils les arrachaient, par une large blessure, du sein qui les recélait encore! Une foule de femmes et d'enfants périrent de ces différentes manières.

» Beaucoup de vierges furent déshonorées, beaucoup reçurent la mort en défendant leur pureté, d'autres furent tuées par les barbares qui la leur avaient ravie!... Beaucoup se tuèrent elles-mêmes en se précipitant des terrasses pour sauver leur virginité!

» Il serait trop long de vous raconter tous ces lugubres détails...

» Mais, chose terrible et à laquelle la nature ne peut se soumettre, ce sont les barbares auteurs de ces crimes que l'empire ottoman nous a imposés pour gouverneurs et pour gardiens! Les loups rapaces, pasteurs des timides agneaux!

» Aussi nous ont-ils frappés d'un tribut de cinq années, doublant, triplant arbitrairement la taxe, et exigeant, contrairement à l'usage, la solde immédiate de cinq années d'avance.

» Comment pourrions-nous résister, nous que la famine affaiblit et décime chaque jour?

» Beaucoup d'entre nous, d'ailleurs, vivent hors de leur pays, errant dans les déserts et dans les lieux sauvages, et ne peuvent relever les ruines de leurs demeures; et pourtant ils n'ont aucun abri.

» Semblables à l'éclair, nos plaintes ont parcouru la terre, et l'univers entier a vu nos larmes.

» Nous nous sommes adressés à toutes les puissances chrétiennes, et surtout à la France, pour laquelle nous prions chaque jour...

» Et de tant de pleurs, de tant de supplications adressées tant par nous que par nos délégués, nous n'avons rien tiré, rien qu'un surcroît de douleurs et d'afflictions de la part de nos ennemis !

» Cela vient-il de la volonté de Dieu ou de la dureté du cœur de nos frères chrétiens de l'Europe ? Nous ne le savons pas.

» Et pourtant l'on connaît notre faiblesse, notre pauvreté, notre misère. L'on a entendu les sanglots de nos enfants, de nos veuves et de nos orphelins ; l'on a vu verser le sang des justes dont la voix est montée jusqu'au cœur de Dieu...

» Oh ! si les arbres avaient une langue, ils parleraient pour appeler sur nous la miséricorde, pour qu'on nous délivrât de ces maux ; les pierres elles-mêmes rendraient témoignage en notre faveur et diraient que nous sommes dignes de salut et de pitié.

» Vous qui savez tout ce qui s'est passé, vous vers lesquels nous n'avons cessé de prier, nous avez-vous donné quelque preuve du désir que vous aviez de nous sauver ? Que la sainte volonté de Dieu soit faite !

» Nous en appellerons maintenant à la miséricorde du Dieu tout-puissant, gloire soit à son nom ! Nous en appellerons à la miséricorde de la sainte Vierge Marie, mère de Dieu, reine des saints, fontaine des miséricordes, médiatrice de nos prières auprès de Dieu et dispensatrice de ses grâces. Nous en appellerons à cette mère sublime du genre humain, à cette mère de toutes les mères et de toutes les femmes.

» Nous en appellerons aussi à toutes ces femmes zélées pour le bien qui font l'honneur de la France : nous leur ferons entendre nos plaintes, nos gémissements et nos sanglots, et nous leur demanderons pitié !

» Pitié pour nous, ô femmes chrétiennes de la France et de l'Europe ! Sauvez-nous de nos ennemis, faites-nous rendre notre ancien prince et sa famille, et vous nous aurez rendu notre liberté.

» Nous savons que vous pouvez le faire, car c'est par ᴧ main des faibles que le Seigneur se plaît à manifester sa puissance. N'est-ce pas par Moïse, Aaron et Marie, qu'il a voulu sauver le peuple hébreu ; par Judith qu'il a délivré Béthulie ; par Esther qu'il a mis un terme à la captivité d'Israël ; enfin, par la sainte Vierge Marie, gloire à son nom! qu'il a voulu sauver le monde ?

» O nobles femmes de la France, vous dont le courage, la charité, le zèle ardent et la sensibilité ont souvent fait la gloire de votre patrie, le doux parfum de vos vertus est arrivé jusqu'à nous ; et nous avons appris tout le bien que vous aviez fait au saint pontife Pie VII, quand il se trouvait parmi vous. Nous l'avons su ; car, de concert avec les princes de l'Église, il a rendu hommage à vos mérites. Nous avons su que c'est vous qui, par vos dons, par votre protection, avez assuré le salut de la Grèce en assurant la ruine de ses ennemis. Sa liberté lui vient de Dieu et de vous. Elle est libre maintenant.

» Ne jetterez-vous pas un regard sur nous que le baptême, la foi et la table sainte font vos frères ? N'avons-nous pas un même chef à Rome, et ne sommes-nous pas une même Église catholique ? Nous, Maronites, ne vous sommes-nous pas liés d'une manière toute spéciale, nous dont le sang mêlé au vôtre n'est autre chose que votre sang ? Nos enfants sont vos enfants ; car, à l'époque des croisades, nous marchions ensemble à la conquête de la Terre-Sainte. De nombreuses alliances nous ont faits les parents de vos pères. Beaucoup d'entre nous sont Français d'origine, parce qu'un grand nombre de croisés se sont fixés dans nos montagnes ; et pourtant aujourd'hui ils sont Maronites.

» Puis, ô Français, ne sommes-nous pas liés à vous par

le cœur ? Et c'est encore cette raison qui nous fait dire que notre sang et notre honneur sont vôtres. Nous sommes vos enfants ; car il y a bien longtemps que nous vivons à l'ombre de vos ailes.

» Une multitude de Maronites ont versé leur sang pour l'amour et pour la cause de la France ; et cependant, depuis sept années surtout, nous a-t-elle donné quelque marque de sa protection ?

» Mais c'est contre votre nom, contre le catholicisme et contre vous que l'on fait tout le mal dont nous nous plaignons. Chaque jour nos ennemis nous injurient et se moquent de nous à cause de vous. — « Où sont, disent-ils, vos amis les Français ? Où sont vos rois chrétiens ? Où sont leurs bâtiments et leurs soldats ? Se présentent-ils pour vous secourir, chiens d'infidèles que vous êtes ! » Et pourtant, à chaque minute, nos yeux s'abaissent du ciel sur la mer pour y chercher ces vaisseaux de la France qui viennent nous sauver.

» Mais ce temps a passé sans que personne nous accordât ni pitié ni secours, et nous touchons à notre perte. Et beaucoup d'entre nous sont morts pour avoir conservé cette fatale espérance, et les chrétiens et la France ont donné aux infidèles le droit de les mépriser.

» Les malheurs dont nous parlons ont frappé surtout les diocèses de Beyrouth et de Saïda qui embrassent la Terre-Sainte, Sour, Acca, Nazareth, Haïffa, Yaffa, Jérusalem, Bethléem, Naplouse, jusqu'à l'Égypte, jusqu'à la Mecque, jusqu'à Damas. Depuis quarante ans que je suis l'humble serviteur de ce diocèse, je n'avais jamais vu, jamais ouï dire qu'une semblable désolation eût affligé les chrétiens de Syrie. Et pourtant c'est notre amour pour la France, ce sont les prières que nous lui avons adressées, qui ont attiré sur nous tant de maux.

» Je n'ai point été épargné. Tout ce qui m'appartenait a

été saccagé. L'on ne m'a pas même laissé mon anneau, ma mitre et mon bâton pastoral ; car j'ai été forcé de fuir, pour sauver ma vie, avec les seuls habits qui couvraient mon corps. Maintenant il ne me reste absolument rien, et, sans la charité de notre saint patriarche qui m'a recueilli, je serais mort, comme tant d'autres, de faim et de misère. Que le nom de Dieu soit béni !

» Mais aujourd'hui, mon diocèse, tout le peuple maronite et moi, nous avons une véritable espérance ; car c'est à Dieu, c'est à sa sainte Mère, c'est aux femmes chrétiennes de la France et de l'Europe, que nous adressons nos prières.

» Femmes françaises, agneaux de Jésus-Christ, vous dont le zèle est comme une perle précieuse devant le Seigneur, soyez bénies ! Vous dont les cœurs s'ouvrent à la pitié, vous qui avez des entrailles pleines de miséricorde, ayez pitié de nous ! Prêtez l'oreille à nos cris, et rachetez le sang de ce qui reste d'Israël, de ce qui reste des Maronites.

» Sauvez leur vie, venez en aide à leur faiblesse, faites-leur rendre leur honneur qui engage le vôtre. Nous vous en conjurons par le sang de Jésus-Christ, car c'est par lui que vous êtes nos sœurs, arrêtez le bras de nos ennemis, mettez un frein à leurs bouches qui nous hurlent l'injure parce que nous sommes vos frères.

» O femmes de la France et de l'Europe chrétienne, pieux soutiens de l'Église catholique et du saint vicaire de Jésus-Christ, c'est à vous que nous avons recours ; car nous savons que les chrétiens de France ont toujours été les plus fermes appuis du saint-siége.

» O France, France, noble tribu de Juda, fille aînée de David, avez-vous donc oublié vos labeurs et vos fatigues, votre sang versé aux plages de Syrie, vos morts qui reposent dans cette terre de Syrie, et votre glorieuse protection pour cette terre sacrée ?

» Qu'est devenu votre zèle, ô chrétiens ! O rois chrétiens,

qu'est devenu votre honneur? Avez-vous oublié que mon pauvre diocèse est celui qui donna naissance aux patriarches, aux prophètes, aux saints, aux bienheureux apôtres, à la vierge Marie et au Sauveur du monde?

» Souvenez-vous que votre salut, la vie de votre âme et de votre corps, votre délivrance de la servitude de Satan, sont sortis de ce diocèse. Souvenez-vous que c'est là que les portes du ciel se sont ouvertes pour vous, et que l'homme a été élevé au-dessus des anges par l'alliance de sa nature avec celle de Dieu lui-même!

» Voulez-vous laisser périr tous les chrétiens de ce diocèse, tous ceux qui habitent cette montagne sainte dans laquelle, malgré son désir, Moïse ne put entrer?

» Quelle honte pour vous, ô chrétiens d'Europe, de laisser les barbares paître les troupeaux de Jésus-Christ, ses enfants qu'il a rachetés au prix de son sang! En vérité, nous ne pouvons le comprendre. Qu'avez-vous fait de cette foi, de cette charité, filles ardentes du christianisme? Qu'avez-vous fait de ces paroles de Jésus-Christ, gloire à lui! « Aimez-vous les uns les autres comme je vous ai aimés! » de ces paroles de l'apôtre : « La foi sans la charité ne sert de rien ; » de ces paroles de saint Paul : « Quand j'aurais accompli toutes les prescriptions de la foi, fait des miracles, livré mon corps aux flammes, si je n'ai la charité, cela ne me sert de rien » ?

» Où est le zèle des chrétiens? Ne sont-ils plus un seul corps? Les Maronites ne sont-ils plus un doigt de ce corps? Comment se fait-il qu'ils n'aient pas ressenti leurs douleurs?...

» Qu'ils viennent à Saïda et dans les autres lieux! ils verront nos ruines, ils verront nos enfants dévorés dans les déserts par les bêtes sauvages, nos femmes perdant les fruits de leur fécondité, tout cela depuis sept années...

» Devons-nous dire qu'il n'y a plus de compassion, plus

de charité sur la terre? Et quand tous abandonneraient les Maronites, les Français devraient-ils les abandonner? Les Maronites sont leurs enfants; toujours ils ont combattu dans leurs rangs, et, sans ces deux nations, il ne resterait plus rien des vestiges sacrés de la Terre-Sainte.

» O femmes de la France! ô filles de la Vierge des douleurs, consolez-nous et venez nous sauver! Et pourtant, pardonnez aux paroles d'un vieillard : comment pourrait-il se taire, lui dont la blessure est la plus cruelle; lui qui, plus que tous les autres, a des larmes à verser sur lui-même et sur son troupeau?

» Deux cents membres de ma pieuse famille ont été massacrés par les infidèles : je ne parle pas de ceux qui sont morts de misère.

» Toutes les églises, tous les couvents, tous les séminaires de mon diocèse, et ma propre maison archiépiscopale, ont été détruits deux fois. Un grand nombre de mes prêtres et de mes religieux ont été égorgés. Moi-même je suis resté nu comme au sortir du sein de ma mère.

» Nous vous prions donc, femmes françaises, nous tous peuple maronite, hommes et femmes, enfants et vieillards, prêtres et laïques, d'appeler sur nous la miséricorde, de nous faire rendre notre prince et sa famille, et de nous aider par tous les moyens qui sont en votre pouvoir.

» Nous prierons le Dieu tout-puissant d'accroître vos vertus, votre gloire et votre vie dans tous les siècles. Amen, amen!

» ABDALLAH BOUSTANI,
Archevêque de Saïda,

ET TOUS LES FIDÈLES MARONITES DE SON DIOCÈSE,
ACCABLÉS DE DOULEURS, »

Cette belle et pathétique missive était digne des âmes généreuses auxquelles s'adressait le pressant langage.

Elle fut comprise, elle fut exaucée.

Quelque temps après la réception des pages qui précèdent, celles qui vont suivre furent expédiées en retour :

LES FEMMES DE LA FRANCE

A SA GRANDEUR MONSEIGNEUR ABDALLAH BOUSTAN

ARCHEVÊQUE DE SAÏDA

« Monseigneur,

» Les femmes de France répondent à la ferme confiance que vous leur montrez et dont elles sont fières, comme au sublime cri de détresse échappé de vos lèvres, et qui est le dernier appel du désespoir des infortunés chrétiens de la Syrie.

» Croyez-le bien, ô vous qui fûtes sans cesse et en tous lieux le vénérable imitateur des Belzunce, des Borromée et des saint Vincent de Paul, aucune Française ne manquera au religieux rendez-vous que vous lui assignez, aucune ne démentira vos saintes espérances ; car, dans notre patrie, le berceau de la vraie civilisation, toutes les femmes se regardent comme solidaires en fait de vertu et de charité : dans tous les rangs, dans toutes les conditions, toutes se considèrent comme les sœurs de ceux qui souffrent, car la loi de l'Évangile est gravée dans leurs cœurs.

» Il y aura donc en tout temps dans les nôtres, refuge protecteur des enseignements tutélaires, une voix amie pour appeler nos frères au secours de l'infortune, et, nous le disons avec orgueil, une prière fervente pour retremper le

2

courage et vaincre le découragement des malheureux chrétiens du Liban.

» Nous avons toutes la volonté du bien. C'est la première leçon qui nous fut donnée par nos mères : plus tard elle fit notre plus grande force; aujourd'hui elle s'accroît et vient, au nom de Dieu, en aide à l'espérance.

» Voilà nos honneurs réels à nous autres femmes, nos priviléges, notre destinée : pleurer avec ceux qui pleurent, consoler ceux qui ont besoin d'être soutenus, telle est l'unique gloire que nous ambitionnons.

» Ne vous laissez point abattre, Monseigneur, par l'incroyable et cruel abandon dans lequel la France vous a laissé. Quelque faibles que nous soyons, nous agirons par nos époux, par nos fils, par nos frères, et, comme vous le dites vous-même, c'est par la main des faibles que Dieu se plaît à manifester son pouvoir.

» Les femmes de France, Monseigneur, ne négligeront aucun moyen d'accomplir la sainte mission que la divine Providence leur a départie par votre organe. Plus les blessures de nos frères seront saignantes, plus nous redoublerons de constance et d'efforts pour vous seconder : les obstacles, les découragements de toute sorte ne feront qu'alimenter notre zèle, le rendre plus infatigable et plus incessant.

» Merci et gloire à vous, Monseigneur, qui nous avez rendu justice en comptant sur nous pour prêcher, à votre exemple, la croisade d'honneur de notre époque. Nous le reconnaissons avec vous, il y va de la délivrance, de la liberté, du repos des nouveaux martyrs de la barbarie. Notre cœur a saigné au récit des tortures subies par vous et par votre peuple avec tant d'héroïsme, et supportées avec tant de résignation.

» Croyez-le bien, saint et noble archevêque de Saïda, notre influence en France serait nulle, ou nous viendrons à bout de mettre un terme aux déplorables misères de nos frères du Liban ; heureuses et fières d'avoir pour exemple et pour protecteurs dans la noble cause qui nous est confiée les noms sacrés que vous nous rappelez. Oui, pour soutenir notre espoir et ranimer notre courage, nous penserons aux miracles d'amour opérés en France par Clotilde, par Blanche, et surtout par cette humble vierge de Nanterre, dont l'ardente charité fit pâlir l'étoile d'Attila.

» Vous le voyez, Monseigneur, le passé répond à la fois du présent et de l'avenir. Notre éducation et l'histoire des femmes de France doivent rassurer sur le résultat de nos efforts et rendre l'espoir aux Maronites, nos frères par le sang, le christianisme et l'honneur !

» Noble pasteur d'un troupeau si cruellement éprouvé, nous avons déjà commencé et nous achèverons, avec le secours de Dieu, l'œuvre de régénération que vous nous avez confiée.

» Répétez donc sans crainte, Monseigneur, à ceux que vous défendez si bien : que nous serons partout et à toute heure les sœurs des infortunés chrétiens du Liban, et que nous resterons par notre *cœur* et notre *volonté* les filles de ceux qui ont délivré le saint tombeau du Rédempteur du monde !

» Que Dieu vous accorde, Monseigneur, la paix et la délivrance de tous les maux qui vous accablent !

« Paris, 1er mai 1847. »

Suivaient plus de deux cents signatures, parmi lesquelles, si nous avons bonne mémoire, Mesdames :

La princesse DE BEAUVAU.
La princesse DE BELGIOJOSO.
La princesse D'HÉNIN.

La princesse CZARTORISKA.
La princesse DE CROÏ.
La duchesse DE MONTMORENCY.
La duchesse DE LAROCHEFOUCAULD.
La duchesse DE FITZ-JAMES.
La duchesse DE DINO.
La duchesse DE TALLEYRAND.
La duchesse DE LA TRÉMOUILLE.
La duchesse DE NARBONNE-PELET.
La comtesse DE MALHERBE.
La comtesse DE LA GRANGE.
La comtesse DE MONTALEMBERT.
La comtesse DE LESSEPS.
La comtesse DE QUELEN.
La comtesse DE QUATREBARBES.
La comtesse DE BRISSAC.
La comtesse DE GUITAUT.
La comtesse DE LERNAY.
La comtesse P. D'ARMAILLÉ.
La comtesse A. DE BONNEVAL.
La comtesse DE CAUSANS.
La comtesse ANQUETIL.
La comtesse ABEL HUGO.
La comtesse DE MIRABEAU.
La comtesse REGNAULD DE SAINT-JEAN D'ANGÉLY.
La comtesse DE BUSSY.
La comtesse DE FONTENAY.
La comtesse DE SALIGNAC-FÉNÉLON.
La comtesse DE VILLEGARDE.
La comtesse DE PONTÉCOULANT.
La comtesse DE CAYLA.
La comtesse DE RAYNEVAL.
La vicomtesse DE SAILLY.
La vicomtesse VICTOR HUGO.
La marquise DE LAROCHEJAQUELEIN.
La marquise DE BRISSAC.
La marquise DE LONLAY.
La marquise DE SAINT-SEINE.
La marquise DE CARONDELET.
La baronne DU HAVELT.
La baronne DE CHAPUYS-MONTLAVILLE.
La baronne HEURTELOUP.
La baronne TRIGAN DE LATOUR.
La baronne DE KOREFF.
La baronne DE LAURANT.
La baronne DE MAUNY.
La baronne CONRAD.
Madame DE LARNAC.

Madame DE GEMPEL.
Madame DE LA HAYE-JOUSSELIN.
Madame DE LATOURNELLE.
Madame DE SOUVIGNY.
Madame DE JOUSSELIN.
Madame DE LA ROGUE.
Madame DE LA VILLE-BOISNET.
Madame DE NOIRFONTAINE.
Madame DE LARREY.
Mesdames DE BOUCQUEAU.
Madame de AROSA.
Mademoiselle DE GUINAUMONT.
Madame VIRGINIE ANCELOT.
Madame CÉSARIE GUERRIER.
Madame ANAÏS SÉGALAS.
Madame SOPHIE PANNIER.
Madame GUINARD.
Madame ROSTAND.
ETC., ETC., ETC.

A peine les consolantes assurances que nous venons de lire, signées de tous ces honorables noms et de bon nombre d'autres, avaient franchi la Méditerranée, que les populations des provinces opprimées formulaient à leur tour la plainte collective dont nous reproduisons le fidèle écho :

LES MARONITES

AUX TRÈS-EXCELLENTES, TRÈS-HEUREUSES ET TRÈS-HONORÉES

DAMES DU ROYAUME DE FRANCE.

QUE DIEU LEUR DONNE LA VIE ÉTERNELLE!

AMEN!

« Après avoir présenté nos humbles respects à vos personnes honorées et avoir prié le ciel de verser sur vous l'abondance de ses biens,

» Nous tous, vos serviteurs, Maronites des districts mixtes (1), vous parlerons à cœur ouvert.

» Vous connaissez nos misères et les maux qui nous accablent. Vous savez l'état déplorable dans lequel nous gémissons, et cependant vous n'en connaissez qu'une faible partie ;
car nous sommes sans cesse sous le poids d'afflictions qui
continuent et se renouvellent sans relâche.

» Nous avons éprouvé tant de maux, nous sommes dans
de telles appréhensions, dans une telle pauvreté, exposés à
tant d'injustices, que ce que nous vous dirons ne vous en
donnera qu'une faible idée. En effet, vous voyez les choses
de loin, et vous êtes dans la position de Jérémie lorsqu'il
pleurait sur la ville sainte entourée de ses ennemis. Il pleurait, mais qu'était-ce en comparaison des douleurs de ceux
qui étaient renfermés dans son enceinte ?

» Votre esprit plein de sagesse et de lumières peut comprendre et se figurer toutes les afflictions qui nous accablent, nous qui avons sans cesse le sabre levé sur la tête et
la crainte au fond du cœur, sans qu'il y ait là personne qui
nous protége, personne qui ait pitié de nous.

» Considérez que c'est l'ennemi même qui a fait tous les
massacres, qui a versé le sang des justes, des vieillards, des
veuves, des orphelins, qui a ruiné les églises, les colléges,
les couvents, qui a crucifié le Christ, égorgé ses apôtres, qui
s'est emparé de la liberté de Dieu, — c'est celui-là même
qui se trouve sur le trône, c'est celui-là même qui a l'auto-
rité, c'est celui-là même qui est notre prince et notre pasteur ; c'est Goliath, celui qui se moquait du peuple de Dieu,
qu'on a imposé pour maître à ce peuple ; c'est Holopherne,
qui montrait son orgueil avec ses soldats, qu'on a mis au-
dessus du peuple de Dieu ; c'est Aman, celui qui veut dans

(1) Ceux habités par les catholiques romains, les catholiques
grecs et les Druses.   ED. G.

son orgueil le sang du peuple de Dieu, qu'on a fait prince de ce peuple. Figurez-vous en quel état est ce peuple gouverné par son ennemi ! Celui qui a fait toutes les injustices, toutes les injures et tout le mal, c'est celui-là qui est notre seigneur et maître !

» Mais, en vérité, en parlant ainsi devant vos personnes honorées, nous craignons de jeter le trouble dans vos esprits ; et cependant il nous serait impossible de raconter tout ce qui nous est arrivé, à cause de l'immense quantité de choses qu'il y aurait à dire. D'ailleurs, si nous vous le racontions, vos cœurs seraient dans l'affliction et vos yeux dans les larmes ; et nous ne le voulons pas, car vous voir dans la santé et dans la joie est déjà une consolation pour nous.

» Nous savons que sans vous, ô femmes de France très-zélées, il ne resterait plus rien des Maronites ; que votre ardeur brille aux yeux de tous comme les rayons du soleil qui échauffent la terre ; que vous vous êtes levées pour sauver les chrétiens, et que vous les sauverez. Comme la colombe qui portait la branche d'olivier apprit à Noé que le déluge était fini, que le monde était sauvé, et que la colère de Dieu avait fait place à la miséricorde, de même vos bouches parfumées, en versant les perles de vos paroles, ont consolé le cœur de l'archevêque de Sidon, de Tyr et de Terre-Sainte, et lui ont montré qu'il avait eu raison de s'adresser à vous.

» Nous vous supplierons donc, par chacune de nos bouches, de prêter l'oreille aux paroles qu'il vous a écrites et vous écrira sur ce qui nous concerne, et de les considérer comme nôtres. Tout ce qu'il vous fera savoir par son vicaire, notre délégué, le très-vénérable et très-honoré père Jean Azar, qui se trouve à l'ombre de vos ailes, dans la ville de Paris, que Dieu protége ! tout ce que ce père lui-même vous dira de notre part et de celle de son archevêque, croyez-le, parce que tout sera vrai, tout sera juste ; car nous savons que le père est plein d'un grand zèle et d'une grande piété, et c'est nous tous qui l'avons choisi.

» Par son entremise vous pouvez apprendre tout ce qui nous concerne, et nous faire savoir tout ce que vous voudrez : c'est par lui que nous avons reçu de vos nouvelles, et que nous avons connu votre zèle, vos efforts, votre volonté de soutenir l'honneur de la France, et toutes les louanges que vous méritez. C'est lui qui nous a rendu le courage, et votre lettre nous a été une douce preuve de tout ce qu'il nous annonçait : que vous voulez sauver les chrétiens et le christianisme en Orient, nous faire rendre notre liberté et notre honneur.

» Nous savons que dans la passion ce sont les femmes seules qui, montrant plus de courage que les apôtres, ont suivi les pas douloureux du Christ ; ce sont elles qui sont entrées dans le sépulcre, elles qui ont annoncé la résurrection, elles qui ont relevé le courage des disciples fidèles. Or, en vérité, avant de recevoir votre lettre, nous n'avions plus de courage : maintenant nous avons espoir et confiance, parce que nous savons qu'en France vous pouvez tout. Vous êtes fermes dans le bien, miséricordieuses comme David et zélées comme le fils d'Aaron, et nous savons que vous voulez sauver vos frères comme Esther et Judith dont la Bible sainte chante les louanges.

» Nous le voyons bien, c'est le sang de nos martyrs versé pour vous dans les guerres de Terre-Sainte et mêlé, du temps des croisades, au sang de vos aïeux, qui échauffe vos nobles cœurs. C'est à ce sang que vous devez toutes vos vertus.

» Vous nous avez promis de nous rendre à notre ancienne gloire, et nous avons grand espoir en cette promesse sincère. Nous savons que votre esprit ne cesse de travailler pour nous, et que vous pouvez tout en France. Vous seules pouvez replanter l'*arbre* qui nous couvrait naguère de son ombre et de ses rameaux ; sans cet arbre il nous est impossible de vivre.

» Si vous nous faites cette grâce, vraiment le temple de Salomon renaîtra de ses cendres, les cèdres se dresseront de nouveau sur le Liban, et la montagne sainte tressaillera de joie. Tant que nous n'aurons pas cet *arbre*, nous ne cesserons de frapper à votre porte ; car nous n'aurons ni liberté, ni paix, rien au monde : nos églises, nos couvents, nos demeures, resteront dévastés, et, dans nos douleurs et nos afflictions, nous n'aurons pas un seul instant de relâche ; et pourtant, sans vous, il nous est impossible de rien obtenir.

» Nous terminons donc en vous criant miséricorde et pitié pour nous ! et en priant Dieu et la Vierge et saint Maron d'augmenter vos biens, votre santé, vos honneurs et vos vertus, de conserver vos enfants et vos époux, et de faire tout selon vos désirs en ce monde et en l'autre.

» Les Représentants des districts mixtes

De Saïda, Sour, Terre-Sainte, Deïr-el-Kamar, Schouf, Gizzin, Hasdouïa, Rachaïa, Marjaïoun, Zahlé, Bkâa, Teffah, Menasef, Harkoub et Kharroub.

« 15 mai 1857. »

Une dernière pièce enfin nous a été, vers ce temps, communiquée. Elle portait la même signature que la première dont nous avons donné copie. Elle était rédigée encore par le respectable archevêque de la Terre-Sainte. Elle accomplissait un grave devoir, elle traduisait de chères espérances. Le vertueux prélat exprimait en ces termes les actions de grâces dues aux généreuses correspondantes :

L'ARCHEVÊQUE DE SAÏDA

AUX TRÈS-PRÉCIEUSES ET TRÈS-HONORÉES DAMES

DONT LES VERTUS SONT LA COURONNE DU ROYAUME DE FRANCE.

QUE DIEU CONSERVE LEUR VIE ET AUGMENTE LEUR GLOIRE

JUSQUE DANS L'ÉTERNITÉ !

« Après les ferventes prières que j'adresse au ciel pour qu'il augmente votre honneur et votre renommée,

» Je vous dirai, moi qui suis votre serviteur, que je me trouvais plongé dans des peines et des chagrins insupportables ; que tous les maux qui sont venus fondre sur les chrétiens vos frères, et sur moi, étaient sans cesse présents à ma pensée ; que je me nourrissais d'afflictions et me désaltérais à la coupe des souffrances, en pensant à ceux qui vivent errants dans les déserts, et aux autres choses que je ne rappellerai point puisque vous les savez ; — lorsqu'un jour fortuné a brillé sur nous, un rayon du soleil de votre miséricorde a percé les nuages, et la bonne odeur de votre lettre s'est répandue autour de nous.

» Alors moi et tous ceux qui sont dans le même état que moi, avons vu notre affliction se changer en joie, et nos entrailles ont tressailli d'allégresse.

» Le psaume que David chantait en dansant devant l'arche sainte est venu à nos lèvres, et nous l'avons chanté, et cette joie nous a fait verser des larmes.

» J'ai remercié Dieu et Vos Excellences de la grâce que vous m'aviez faite en me guérissant de la cruelle maladie qui me rongeait. Et, en vérité, mon courage abattu par tant de chagrins s'est relevé !

» L'heure qui m'a porté cette bonne nouvelle a été pour nous une heure très-heureuse : elle a dissipé les ténèbres qui couvraient nos jours. Je me suis jeté à genoux, priant Dieu et la très-sainte Vierge, reine des saints, de conserver votre vie, votre honneur et votre zèle, d'étendre sa main sur vous et sur tout ce qui vous appartient; car, j'en ai la ferme confiance, avec l'aide de la sainte mère de Dieu, les faibles deviendront forts, et ce sera par leurs mains que Dieu manifestera sa puissance.

» Maintenant, nous avons grand espoir de sortir de l'état où nous sommes, et d'obtenir l'objet de nos vœux, grâce à la sainte-Vierge, à votre zèle et à la protection de votre gouvernement honoré. Ce sera par vous, ô femmes de France, que notre nudité sera revêtue, notre pauvreté changée en richesse et notre souffrance en bonheur ; car la Protectrice de tous les hommes, celle par qui le monde a été sauvé, vous protégera d'une manière toute particulière, et par elle vous sauverez notre nation.

» Esther a d'abord beaucoup souffert pour son peuple ; et puis, Dieu est venu à son aide, et elle-même a sauvé son peuple. Vous êtes toutes des Esther, et j'ai grande confiance en Dieu et en vous. Vous pouvez tout en France ; et vous n'abandonnerez point cette affaire, parce que votre honneur y est engagé, parce que votre zèle, votre pitié, votre affection et votre ardeur ne vous le permettront pas.

» Maintenant j'ai la certitude que vous sauverez notre nation, et je ne crains plus le mal ni de la part de nos ennemis ni de personne, parce que tout le monde sait que vous avez pris cette affaire à cœur. Je prierai Dieu sans cesse pour qu'il prolonge votre vie, pour qu'il étende sa protection sur vos enfants et sur vos familles, et vous établisse dans la gloire jusque dans l'éternité. Amen !

» L'humble ABDALLAH BOUSTANI,
» Archevêque de Saïda.

» A Saïda, 11 juin 1847. »

Quel expédient avait été mis en œuvre par les bienfaitrices pour l'accomplissement efficace de la parole donnée?

Une société spéciale de dames s'était constituée à l'effet de provoquer des collectes pour venir en aide aux pauvres familles ruinées et décimées dans les événements de la Syrie.

Elle s'intitulait *Société centrale de secours en faveur des chrétiens du Liban,* et fonctionnait conjointement avec un comité d'hommes préposés aux mesures d'action extérieure.

L'association féminine s'était placée sous la protection de *la vierge Marie, patronne de la France.*

Elle s'était organisée par système de *décuries,* sur le modèle de la compagnie pour la *Propagation de la foi.*

Elle correspondait avec des succursales fondées dès le début à Nancy, à Saint-Brieuc, à Marseille, à Aix en Provence, à Aix-la-Chapelle, à Bruxelles, et dans bon nombre de villes encore tant de nos provinces que de l'étranger.

Chaque membre s'engageait à unir ses prières pour le retour de l'ordre et de la paix, ainsi que pour le triomphe de notre sainte religion. Chacun fournissait une part mensuelle de subsides pécuniaires et de secours en nature destinés, envoyés aux chrétiens du Liban.

Le Conseil général d'administration était formé de quarante-deux dames, sous la direction d'une présidente et de sept vice-présidentes.

Les autres dignités se trouvaient dévolues à une secré

taire générale, une trésorière générale et vingt-neuf conseillères.

Nous avons conservé par-devers nous les noms des titulaires principales, et nous garantissons la liste que voici :

CONSEIL GÉNÉRAL DE L'ASSOCIATION

PRÉSIDENTE :

Madame la duchesse DE NARBONNE-PELET.

VICE-PRÉSIDENTES :

Mesdames :

La duchesse DE FITZ-JAMES
La marquise DE BRISSAC.
La vicomtesse DE SAILLY.
La Baronne DE CHAPUYS-MONTLAVILLE.
GAUGLER DE GEMPEL.
DE LARNAC.
ROSTAND.

TRÉSORERIE GÉNÉRALE :

Madame la comtesse ANQUETIL, *trésorière générale.*
Madame la comtesse DE LA GRANGE, *trésorière adjointe.*

SECRÉTARIAT GÉNÉRAL :

Madame la comtesse DE MALHERBE, *secrétaire générale.*

Mademoiselle DE GUINAUMONT,
Madame la marquise DE BRISSAC,   } *secrétaires adjointes.*
Madame GUINARD,

CONSEILLÈRES :

Mesdames :

La princesse DE BEAUVAU.
La princesse D'HÉNIN.
La comtesse MILON DE LERNAY.
La comtesse ABEL HUGO.
La comtesse DE GUITAUT.
La comtesse DE QUÉLEN.

La comtesse CHARLES DE GUITAUT.
La comtesse P. D'ARMAILLÉ.
La comtesse A. DE BONNEVAL.
La comtesse DE QUATREBARBES.
La comtesse DE MONTALEMBERT.
La comtesse DE LA GRANGE.
La comtesse DE BRISSAC.
La comtesse DE CAUSANS.
La comtesse DU CAYLA.
La marquise DE SAINT-SEINE.
La baronne DE MAUNY.
La baronne DU HAVELT.
La baronne TRIGAN DE LATOUR.
Madame ARTHUR DE LA VILLE-BOISNET.
Madame BISSON DE LA ROQUE.
Madame BERTIER DE SAUVIGNY.
Madame AD. BAUDON.
Madame SOPHIE PANNIER.
Madame DE LA HAYE-JOUSSELIN.
Madame GUINARD.
Madame DE LATOURNELLE.
Mademoiselle DE GUINAUMONT.

Nous avons fait connaître le haut personnel fonctionnant qui a présidé à cette entreprise pieuse, nous avons fait toucher du doigt les résultats obtenus en leur temps : nous pouvons dès lors pressentir, apprécier par les conquêtes d'hier les conquêtes qu'amènerait demain. Le passé prophétise l'avenir. Nous avons donné nos prémisses, nous allons fournir nos conclusions; mais nous croyons devoir toutefois signaler d'abord un incident, un document plus voisin par sa date, et qui va compléter l'ensemble de notre dossier dans ce procès pour nous gagné d'avance, comme tous ceux que notre pays intente à l'égoïsme.

Les dames franques des villes d'Asie qui ont souffert dans la dernière crise ont eu cette même pensée d'établir un comité local d'assistance au bénéfice des victimes actuelles. Plusieurs ateliers de bienfaisance viennent d'être créés pour la confection des vêtements; mais la crainte s'y est glisséé de ne pouvoir atteindre, faute de bras, faute de temps, à remettre en état sortable, avant la saison pluvieuse et froide, les dénûments sans nombre. Cette appréhension inquiète a motivé la demande d'un concours efficace que recevaient, il y a peu de jours, nos Provençales, tant connues pour les chaleureuses tendances de leur âme :

QUELQUES DAMES

DE LA COLONIE EUROPÉENNE DE BEYROUTH

AUX DAMES DE MARSEILLE.

« La Syrie vient d'être éprouvée par de cruels événements qui plongent une nombreuse population chrétienne dans la plus affreuse misère. Vos cœurs s'en seront émus, et nous ne doutons pas de votre zèle charitable, auquel nous faisons aujourd'hui un appel. Nous ne vous demandons pas des secours en argent pour les infortunés qui nous environnent. D'autres que nous sont chargés de distribuer les sommes qu'on leur destinera. Nous vous demandons seulement, en hardes, linge et restes d'étoffes, ce qui ne peut plus vous servir.

» Les souffrances de tant de familles sans abri augmenteront encore à l'approche de l'hiver. A peine suffit-on pour leur fournir le pain quotidien : il faut songer aussi à les couvrir, les brigands ne leur ayant laissé que quelques haillons en lambeaux.

» Dans l'ouvroir que nous venons d'établir, notre mode d'industrie s'applique à transformer en habillements pour les pauvres et surtout pour leurs petits enfants les hardes mises à la réforme par les personnes riches ou aisées. Nous tirons profit de tout : des restes de linge, de rideaux, de toiles à matelas, de vêtements d'hommes et de femmes.

» Mais, hélas ! nos doigts pourraient bientôt s'arrêter, à défaut de matériaux pour le confectionnement. Ne leur permettez pas le repos, mesdames, ramassez autour de vous ce qui pourra alimenter notre œuvre, et faites-le-nous parvenir.

» En intercédant pour nos malheureux auprès de messieurs les commerçants de Marseille, ceux-ci ne trouveront-ils pas au fond de leurs magasins quelques coupons d'étoffes à leur offrir ?

» Que Dieu bénisse les efforts charitables que vous ferez en faveur des infortunées victimes de Syrie !

Comtesse DE PERTHUIS, présidente.

ÉLISA DE WECHBECKER.	CATHERINE LAURELLA.
ÉLISA DOLR OI-OLSKA.	FANNY TRUILHIER.
ADÈLE COSSIN ,	E. CHASSEAUD.
FANNY DE PICCIOTTO:	JOSÉPHINE LAURELLA.
E. PESTALOZZA.	LOUISE DE PERTHUIS.
J.-C. PORTALIS.	

« Beyrouth, le 1er août 1860. »

Ce ne sont pas seulement les dames d'une de nos provinces d'élite qui se sentiront invoquées dans l'appel de leurs sœurs d'outre-mer. L'Europe est le cœur de l'Occident, la France le cœur de l'Europe ; mais Paris est le cœur de la France, et c'est du giron de notre grande capitale, familière à toutes les émotions généreuses, que doivent s'élancer les Pierre l'Ermite de la croisade féminine : c'est là que doit s'asseoir le quartier général de la sainte croisade du bienfait ; c'est de là surtout que nos Herminie doivent seconder, l'Evangile à la main, les efforts, les travaux, l'héroïsme de nos Tancrède qui déjà ont fixé la menace de leur glaive dans le sol volcanique de l'Orient.

DEUXIÈME PARTIE

Les circonstances dans lesquelles s'est produite l'œuvre édifiante que nous avons précédemment indiquée viennent de se renouveler en des proportions à coup sûr bien autrement formidables.

Pourquoi nos femmes de France ne reprendraient-elles pas désormais, à titre d'initiative spontanée cette fois, la détermination libérale qui leur avait été inspirée en ce temps par des souffrances moins accablantes, par des crises moins extrêmes?

Tout ce qui s'était relevé depuis, sur les ruines d'alors, a été récemment jeté bas. Toutes les mesures de réparation doivent tendre à ressaisir le terrain, tous les efforts à remettre debout ce qui s'est affaissé dans les sinistres et violentes prostrations.

Aujourd'hui, comme il y a quinze ans, les champs ont été mis à nu par la dévastation forcenée; l'espoir du moissonneur est détruit. Les riches campagnes d'Asie ne sont plus que cendre et poussière. Les villes ont subi les hideuses épreuves du pillage et de l'incendie. Les habitations gisent au niveau du sol, comme si une effroyable trombe avait tout emporté. L'herbe même refuse de croître autour des décombres envahisseurs : vous croiriez de ces lieux maudits où passait le cheval d'Attila.

Les pavillons européens ont été traînés dans la boue et

remplacés, au faîte officiel, par un vieux débris de chaussure, par un vieux lambeau de vêtement, par un haillon sordide. Les résidences consulaires ont été livrées en proie au larcin, à la torche, au néant; le sabre a été levé sur le représentant de la France.

Les maisons du Seigneur Dieu ont-elles été du moins épargnées? Les temples ont-ils échappé à la fureur des hommes sans merci?

Hélas! hélas! le délire sacrilége, impie, s'est rué sur les sanctuaires eux-mêmes de notre foi.

Les enceintes pieuses ont été saccagées, profanées, souillées; les cloches ont été broyées, les images foulées aux pieds, les ornements sacerdotaux mis en pièces, les prêtres égorgés en pleine célébration du service divin, les épouses du Christ arrachées du sein de la prière et traînées au lupanar!

Les hymnes, les cantiques se sont tus pour laisser entendre les chants rauques du blasphème.

Les vases saints ont servi de coupes à l'ivresse, et les autels de lits aux brutales amours.

Les parfums de l'encens et de la myrrhe se sont perdus dans les tourbillons des immondes vapeurs...

Les lampes des tabernacles ont éclairé l'orgie!

Au dehors, dans les rues, sur les grands chemins, est-il une cynique sauvagerie devant laquelle ait reculé un instant l'aveugle et farouche persécution? Les antiques païens n'ont rien à envier, que je sache, aux mécréants modernes. Les sanglantes arènes de Rome se sont élargies sous le ciel oriental. Ici l'holocauste n'a reconnu d'autres limites que celles des forces humaines. Les bourreaux ont frappé partout où le bras a pu se lever, se tendre. Les exterminateurs ne se sont arrêtés que par lassitude ou faute de victimes. — *Sus aux chrétiens!* Ce cri de rage, cet éclat d'une fièvre sans nom a poussé de l'avant les infidèles, tant qu'un disciple de l'évangélique vérité s'est trouvé là prêt à donner sa vie pour son Dieu. Rome des Néron et des Dioclétien, rentre dans ton ombre, te voilà dépassée! On a vu se rassasier de carnage les bêtes fauves de ton Cirque : les hyènes du Liban, les tigres de Damas et de Beyrouth viennent de boire le sang à pleins flots, le jour, la nuit, des semaines entières, sans répit, sans relâche... et ils ont soif encore !

A la suite des anciens désastres du Liban que nous avons commencé par décrire, quelques milliers de nos frères du Levant avaient erré longtemps demi-nus, privés de tout abri et de toute nourriture. A l'heure qu'il est, ce sont des milliers d'infortunés qui languissent et se traînent loin de la tente, chassés du toit familier, sans vêtements et sans pain.

Ah! puisque aussi bien les calamités ont centuplé leur douloureux bilan, du moins que la commisération sache se multiplier à son tour.

Non, ce n'est pas trop de deux sexes unissant leurs plus pures impulsions pour adoucir tant et de si poignantes amertumes.

Non, le concours direct des femmes en France, en Europe, ne serait pas superflu quand il se déploierait quelque peu tardivement.

La France, toujours à l'avant-garde lorsqu'il s'agit de

soutenir les droits de la justice, de l'humanité, de la civilisation, la France, qui seule a jeté déjà sur les mers six mille de ses braves avec mission de courir venger le crime et protéger la faiblesse, — la France doit à ses sœurs, les autres nations, l'exemple d'un noble mouvement encore; et ce mouvement partira du cœur de ses femmes toujours prêtes à montrer la route du bien, toujours prêtes à ouvrir la lice des larges devoirs.

Nous ne contesterons pas assurément qu'elles n'aient su fournir leur belle part dans les témoignages de munificence publique prodigués aux lointaines victimes. Elles n'ont eu garde, certes, de s'abstenir dans les souscriptions établies par le soin des journaux; dans les soirées, à bénéfice, des concerts, des théâtres; dans les quêtes provoquées par l'action du clergé. Nous n'en sommes pas moins persuadé qu'elles s'estimeraient fières et heureuses de se doubler, de poursuivre, de compléter leur œuvre; de tendre l'aumônière, après y avoir déposé.

J'en appelle à vous, à vous toutes, nos mères et nos compagnes, nos sœurs et nos amies, laquelle, — pour nous exprimer selon le langage d'un de nos prélats implorant naguère ses fidèles en faveur des mêmes infortunes, — laquelle de vous se tiendra en arrière d'un élan si chevaleresque, d'un élan si français? Les besoins sont immenses, les besoins sont pressants : laquelle ne voudrait accroître les ressources, dilater les entrailles, féconder les efficaces consolations? Pour qui, si ce n'est pour vous les premières, a-t-il été dit que la charité n'appauvrit point, que la main ne se lasse pas à verser l'aumône, et qu'en France rien ne saurait tarir les sources généreuses du sacrifice ? Vers qui surtout nos malheureux frères d'Orient tournent-ils leurs regards lointains et leurs muettes supplications ?

Voulez-vous qu'il vous soit adressé, comme autrefois, par les victimes elles-mêmes une de ces invocations directes qui sont aussi un reproche d'abandon ? Devancez et n'attendez pas. Gardez que votre inertie, au moins votre tiédeur, ne vous soit rejetée à la face.

Vous avez donné ? Donnez encore. Ajoutez l'offrande à l'offrande. Un penseur du dernier siècle, un homme d'esprit et de cœur, Marivaux, l'un de vos écrivains aimés, a dit « qu'en fait de bonté le trop n'est jamais assez. »

Vendez, s'il le faut, vaisselles d'argent, bijoux d'or, anneaux, bracelets, colliers, parures précieuses. Pour tant d'honorables détresses faites-vous pauvres, et vous redeviendrez riches là-haut. Bravez jusqu'aux privations mêmes ; soyez deux fois, trois fois, vingt fois les bienfaitrices du malheur, autant de fois vous serez les créancières de Dieu.

Plusieurs, ainsi que vous, auront déjà versé leur tribut. Nul ne vous refusera pourtant. Votre voix, quand elle plaide la cause de l'infortune, pénètre jusqu'au fond des entrailles : elle sait tirer des larmes du cœur le plus desséché, comme aussi bien faire jaillir l'obole des trésors les plus secrets. Une irrésistible magie descend alors du ciel pour aider aux efforts de votre saint apostolat, et la charité se reprend à déborder et l'eau part du rocher comme sous la verge miraculeuse du chef antique d'Israël.

Si loin que les souffrances imméritées aient creusé un abîme, c'est à vous, femmes, de le fermer. La Providence, les livres bibliques, la nature vous ont tracé même mission. Répandre le baume sur les blessures du corps et de l'âme, tel est votre mandat béni de ce monde. Prendre soin des malades, visiter les captifs, rendre au bien-être les besogneux, c'est votre charge auguste et enviable ; ramener le calme, sinon la joie, chez ceux qui gémissent, enseigner le courage à ceux qui désespèrent, soutenir ceux qui chancellent, relever ceux qui tombent, c'est votre tâche, c'est votre puissance.

Qui, le voile abaissé, les yeux perdus de larmes, les mains jointes, les genoux pliés, s'est tenu en face du Calvaire ? Qui, de ses parfums odorants et de sa flottante chevelure, a baigné les pieds meurtris du Sauveur, essuyé le sang de ses plaies ? Qui l'a doucement enfermé dans son linceul et pieusement couché dans sa tombe ? Qui l'a veillé dans la nuit du sombre trépas ? Qui l'a salué en sa radieuse résurrection ? Qui ? — Les saintes femmes... et lorsque les anges se sont inclinés des cieux pour venir faire cortége à leur Maître vainqueur de la mort, ils ont cru longtemps qu'un autre groupe séraphique les avait précédés.

Sentinelles prédestinées de toutes les angoisses, gardiennes providentielles de toutes les agonies, reprenez votre poste. Assistez de loin les infortunés qui vont se lamentant au bord des rivages d'Asie et subissant la passion, à leur tour, dans les lieux mêmes où le divin Martyr but le calice et fléchit sous sa croix.

Femmes de la France, rappelez-vous que vous êtes les filles du grand empereur Karl, cet ami d'Haroun al-Raschid, cet autre Salomon par la foi et la magnificence, qui ne cessait d'envoyer ses largesses princières aux pauvres de la Palestine.

Souvenez-vous que vous êtes les filles de cette vertueuse reine Blanche qui, par les lèvres et par le sceau royal de Louis IX, promettait officiellement, *au nom du monarque et de tous les souverains qui lui succéderont sur le trône de France, amitié sincère et constante protection en faveur des chrétiens de Syrie, ni plus ni moins que s'il était question des Français eux-mêmes.*

Quatre cents ans plus tard, ces titres d'auguste patronage se voyaient confirmés dans les termes explicites qui suivent :

LETTRES DE PROTECTION

ACCORDÉES AU RÉVÉRENDISSIME PATRIARCHE D'ANTIOCHE

ET A LA NATION DES MARONITES

PAR SA MAJESTÉ LE ROI TRÈS-CHRÉTIEN

LOUIS XIVe DU NOM

Du 28 avril 1649.

« Louis, par la grâce de Dieu, roy de France et de Navarre,

» A tous ceux qui ces présentes lettres verront,

» Salut.

» Sçavoir faisons : que par l'advis de la Reyne régente, notre très-honorée dame et mère, ayant pris et mis, comme nous prenons et mettons par ces présentes signées de notre main, en notre protection et sauvegarde spéciale, le révérendissime patriarche et tous les prélats, ecclésiastiques et séculiers, chrétiens maronites qui habitent particulièrement dans le Liban,

» Nous voulons qu'ils en ressentent l'effet en toute occurrence, et pour cette fin nous mandons à notre amé et féal le sieur de La Hayenentelay, conseiller en nos conseils et notre ambassadeur en Levant, et à tous ceux qui lui succéderont en cet emploi, de les favoriser, conjointement et séparément, de leurs soins, offices, instances et protection, tant à la Porte de notre très-cher et parfait ami le Grand-Seigneur, que partout ailleurs que besoin sera, en sorte qu'il ne leur soit fait aucun mauvais traitement; mais au contraire qu'ils puissent librement continuer leurs exercices et fonctions spirituelles. Enjoignons aux consuls et vice-consuls de la nation française établis dans les ports et Échelles du Levant ou autres arborant la bannière de France, présents et à venir, de favoriser de tout leur pouvoir ledit sieur patriarche et tous lesdits chrétiens dudit mont Liban, et de faire embarquer, sur les vaisseaux français ou autres, les jeunes hommes et tous autres chrétiens qui y voudront passer en chrétienté, soit pour y étudier ou pour quelque autre affaire, sans prendre ni exiger d'eux que les nolis qu'ils leur pourront donner, les traitant avec toute la douceur et charité possible.

» Prions et requérons les illustres et magnifiques seigneurs, les bachas et officiers de Sa Hautesse, de favoriser et assister le sieur archevêque de Tripoly et tous les prélats et chrétiens maronites, offrant de notre part de faire le semblable pour tous ceulx qui nous seront recommandés de la leur.

» Donné à Saint-Germain en Laye, le vingt-huitième jour d'avril mil six cent quarante-neuf, et de notre règne le sixième.

» LOUIS.

» *Par le Roy, la Reyne régnante sa mère présente :*

» De Loménie. »

Ainsi donc une reine, une femme était là encore, qui, transmettant les tendres dispositions de son âme à son fils, au maître de la France, de la nation magnanime et aimante, inspirait et consacrait ces douces et ardentes sympathies échangées depuis longue date déjà entre le royaume très-chrétien et ses coreligionnaires du Levant !

Le sexe auquel nous demandons aujourd'hui de s'associer comme en d'autres temps et de ranimer tout zèle généreux qui paraît s'attiédir, ne se sent-il donc pas suffisamment engagé par les épreuves qui l'ont tout particulièrement assailli lui-même de l'autre côté des mers?

Quoi ! les épouses ont vu leurs époux tomber sous le fer assassin, et leur envoyer du regard, à défaut de la voix, un suprême, un touchant adieu, tandis que les bourreaux écorchaient vif le patient !

Quoi ! les maris ont été massacrés jusque sur le sein de leurs compagnes, les pères dans les bras de leurs filles, les enfants sur les genoux de leurs mères !

Quoi ! sous les yeux de celles qui leur avaient donné le jour, on a saisi ces pauvres petits êtres; puis on les a écartelés, ou lancés dans l'espace et reçus à la pointe des yatagans !... Les hommes, on les a précipités du haut des terrasses, on les a dépecés au tranchant de la hache, on leur a coupé les doigts, les mains, les pieds, les épaules; on leur a crevé l'œil ou fait sauter la prunelle de l'orbite. On leur a plongé des couteaux, des lances dans la bouche ! On les a enveloppés de poudre, à laquelle on a mis le feu !... Les femmes, on les a polluées en public, on leur a déchiré le visage, mutilé la gorge, ouvert le cœur, troué le ventre :

on leur a cassé les quatre membres à coups de crosse de fusil, puis on les a laissées mourir lentement sur place dans la plus horrible des agonies !...

Quoi ! les jeunes vierges ont été déflorées à loisir, flétries en pleine rue, conduites aux grossières ignominies du harem ou emportées jusque sous la tente de l'Arabe au désert !

Quoi ! les vestales n'ont pas même été respectées, je l'ai dit, à travers ces monstrueux enlèvements de Sabines !

Quoi ! des monastères tout entiers de chastes recluses, et le troupeau enfantin commis à leur garde, ont disparu sans qu'on puisse encore s'éclairer au sujet de toutes ces naïves destinées. Peut-être, qui sait ? peut-être, hélas ! de ces centaines d'innocentes victimes les auteurs de la razzia ont-ils fait, de vive force, autant de filles de joie !...

Quoi ! les veuves et les orphelines pleurent encore aujourd'hui, par les chemins brûlants, par les bois de palmiers, sur les plages sans écho, leurs proches, leur foyer, leur bonheur, leur honneur !

Quoi ! par milliers, sur les sommets stériles, on les voit courir folles, ahuries, éperdues encore des terreurs de la veille ! Et combien de Rachel gémissant au travers des solitudes, et se refusant à la consolation, parce que leurs fils, leurs aimés ne sont plus !

Quoi ! l'on a vu sur les places publiques, dans les carrefours, au seuil des bazars, vendre à raison de quelques misérables piastres, moins que le prix d'une cavale de parade et comme on trafiquerait d'un vil instrument de plaisir, — maintes brebis humaines dont on avait commencé prudemment, mais lâchement, par égorger les défenseurs !

Quoi ! cette exclamation part spontanée de toutes les poitrines survivantes : « Bienheureux sont les morts !... »

Et des bornes seraient assignées à notre commisération !

Et nos yeux et notre or cesseraient de ruisseler !!

Non, non ! l'herbe ne poussera pas plus, grâce à Dieu, sur le chemin de notre dévouement, de notre charité, que sur celui de l'expiation : j'allais dire de la vengeance, pour peu que le mot eût été chrétien.

Non, pas un d'entre nous qui ne soit prêt à donner son dernier écu, aussi bien que sa dernière goutte de sang, pour briser ce double joug de l'oppression et de l'indigence qui pèse au loin sur notre race !

L'imagination ne saurait parvenir à rêver toutes les violences, les horreurs, les drames sauvages qui se sont consommés. Les plus hautes montagnes, a-t-il été dit par les témoins de telles énormités, les plus hautes montagnes mêmes plieraient sous le poids de si accablantes douleurs. Que la pitié donc s'exalte, de son côté, jusqu'à l'idéal. Qu'elle n'ait garde de s'endormir. Qu'elle veille et agisse. Qu'elle se manifeste et se révèle surtout par ces mains féminines qui savent non frapper, mais guérir.

Que les filles des anciens Croisés, que les filles, les femmes et les mères des chevaliers de la nouvelle et pieuse expédition entament, dirigent à leur tour une guerre sainte, une lutte d'héroïnes contre tous les genres de souffrances qui écrasent nos frères d'Orient.

Les ennemis ne se sont pas enivrés que de larmes et de sang, ils se sont aussi gorgés de butin. Rapaces non moins que sanguinaires, les vautours las de tuer ont dépouillé. Il

n'importe donc pas seulement de consoler le malheur, il faut
encore soulager la misère; il faut porter du pain à ceux qui
ont faim, des habits à ceux qui sont nus, construire des demeures à ceux qui n'ont plus d'asile où reposer leur tête.

Dieu ne doit pas davantage rester sans habitation dans
ces tristes contrées où la prière plus que jamais aspire à
grouper ses regrets de ce monde, ses espérances d'outre-
tombe. Donc il sera bon de songer encore à réédifier les
maisons du Seigneur renversées par l'impie vandalisme
dans ces saturnales de l'enfer.

Les morts enfin réclament à leur tour un gîte suprême,
une sépulture digne de héros tombés sur le champ de ba-
taille de la foi. Le ventre des chacals a pu seul prendre soin
d'ensevelir tous les cadavres dispersés.

Il n'est, pour satisfaire à tant d'œuvres saintes, que les miracles d'une inépuisable bienfaisance. Femmes, c'est à vous
d'attirer, d'enfanter ces prodiges; à vous de reconstituer
votre ancienne Association de secours en faveur des chrétiens d'Orient, à vous de remettre en ligne votre phalange
fraternelle; à vous de rétablir, de resserrer les rangs du ba-
taillon sacré, à vous de rejeter en campagne les diligentes
amazones de l'Évangile.

S'il est vrai que, suivant le langage des Écritures, Dieu
se penche des hauteurs du ciel pour entendre les sanglots
des captifs, pour délivrer les enfants des hommes immolés
dans les guets-apens, demandez-lui de daigner vous choisir
pour ministres de ses décrets libérateurs, faites-vous ses
humbles mais dociles instruments de rédemption.

Dans la croyance des musulmans, les âmes des martyrs

s'en vont, aussitôt détachées de leur enveloppe mortelle, habiter lé corps de beaux ramiers bleus qui peuplent les prairies d'asphodèles du paradis.

Le jour du réveil advenu, ces hôtes privilégiés du domaine des heureux traverseront d'un pied sûr, rapides comme l'éclair, le pont de Sirah plus affilé qu'un glaive, plus mince qu'un rasoir, au-dessous duquel s'étalent béants les gouffres infernaux.

Ils monteront se répandre sous les ombrages d'Éden, au bord des fleuves enchantés où le lait se mélange de miel. Une verdure éternelle délectera leurs yeux. Les dattes, les figues, les grenades, réjouiront leur palais. La chair tendre des oiseaux rares caressera leur sensualité.

Ils verront les branches pesantes s'abaisser devant eux. Servis par des pages rayonnant d'une jeunesse sans fin, ils boiront à la coupe de l'extase et savoureront un breuvage exquis, scellé de musc, impuissant à troubler la raison, inhabile à rendre insensé.

Vêtus d'habits verts où l'or tranchera sur la soie, parés de bracelets d'or, la tête couronnée de lumière, le narghiléh suspendu aux lèvres, ils aspireront les charmes de la sieste sur le lit nuptial enrichi d'or, incrusté de perles et de pierreries.

L'éclat des soleils dévorants se gardera de les importuner. Les discours incisifs seront bannis de la divine retraite. Le cœur n'y inclinera point au mal. On n'y entendra résonner que le doux nom de paix.

A la distance d'un baiser, resplendiront de fraîches vierges. Modestement elles pencheront leurs paupières aux franges de velours. Jamais homme n'aura effleuré le duvet de leurs formes dodues, jamais être surnaturel n'aura fait palpiter leurs contours arrondis.

Moitié fruits, moitié fleurs, ces houris s'épanouiront dans les soixante-dix mille pavillons faits de la main des anges.

Leur taille se dessinera souple à l'égal du jonc et onduleuse à l'instar du palmier. Leur visage sera celui de la lune souriante. Leurs yeux noirs refléteront le suave regard de la gazelle. Leurs joues s'offriront nuancées de la pourpre des roses. Leur nez s'effilera dans la forme des pistaches. La bouche ne s'ouvrira pas plus grande qu'une bague, le menton descendra pareil au pied d'une tasse.

La volupté qui s'exhalera de leur sein ne tarira plus. Leurs célestes amants, sans se lasser jamais, goûteront, puis goûteront encore les délices de l'étreinte amie...

Telles sont les béatitudes promises par Mahomet aux martyrs de son culte. Les martyrs de la foi chrétienne occuperont à leur tour la première place dans notre septième ciel. Auront-ils des compagnes de gloire et de félicité? Oui; car les séraphins tiennent de l'un et l'autre sexe. Or, dans leurs rangs, à leur tête peut-être, brilleront les âmes élues qui auront pris sur terre quelque souci des familles persécutées pour leur attachement aux préceptes du Christ.

» Vaine est la grâce extérieure, — dit le roi Salomon on ses proverbes marqués du sceau de la sagesse, — vaine est la beauté, vain le prestige de la séduction. La femme qu'il faut exalter est celle qui sert le Seigneur. » Eh bien ! c'est se rendre agréable au Maître des cieux, que de poursuivre par le bienfait, jusqu'au delà du tombeau, les glorieux confesseurs de sa loi ; que de recueillir leurs cendres vénérées, que de secourir les héritiers de leurs infortunes, les êtres créés de leur sang précieux ou choisis par leur cœur, les êtres qu'ils ont aimés le plus après Dieu et qu'il leur a fallu laisser derrière eux, endeuillés, gémissants à travers le monde, sombre vallée des pleurs.

Vous toutes qui passez ici-bas escortées du bien-être, environnées de l'abondance, groupez sous vos auspices les derniers efforts, les suprêmes démonstrations de la charité. Appelez à vous non la France, mais l'Europe, mais la chrétienté des deux hémisphères. Établissez une Sainte-Alliance de la religion et du devoir.

Que les nations diverses conviées par vos soins, par vos instances, par votre exemple, apportent en vos mains le tribut réservé aux détresses honorables, l'hommage aux souffrances du Levant, le *denier des Martyrs*.

Femmes de la France, filles aînées de l'Église, vous avez autrefois exprimé la solennelle promesse de faire à jamais cesser les tribulations des chrétiens d'Asie. — « Croyez-le bien, saint et noble archevêque de Saïda, lui mandiez-vous alors, croyez-le, notre influence en France serait nulle ou nous viendrons à bout de mettre un terme aux déplorables misères de nos frères du Liban. » La fatalité des événements, les explosions nouvelles d'un fanatisme inexorable ont dépassé les plus sages comme les plus ardentes prévisions de votre vigilance, de votre sollicitude. Ressaisissez, avec une persévérante et fidèle énergie, la cause sainte que vous aviez si largement prise en main, redressez la noble bannière étoilée que vous aviez déployée si haut ; ressuscitez en vous les Judith, les Débora, les Esther,—ces Jeanne d'Arc de la Judée captive, ces anges libérateurs des tribus éplorées. Faites revivre les Geneviève de Paris, les Clotilde et les Blanche de France, ces puissantes et sublimes inspirées, initiatrices héroïques du bien, dispensatrices infatigables des baumes consolateurs, magiciennes de la bénédiction, prêtresses de salut et d'amour.

Messagères de bonheur, sur les cimes arides faites redescendre la pluie féconde; le long des plaines mornes et nues, faites ruisseler à nouveau les trésors de l'aube et du soir, les diamants purs de la rosée. Sultanes de la Providence, faites par les grands déserts plaintifs reverdir la calme oasis.

« Il est, affirment les Orientaux, des génies couleur de la poix, des génies couleur de la neige. Où les noirs génies, ajoutent-ils, ont semé le poison, les génies blancs s'approchent et versent le dictame. » — Soyez, femmes, soyez les neigeux échansons.

Par vos entraînements faites au loin déborder la coupe de l'assistance humaine, par vos prières amenez la clémence du Seigneur à tarir le déluge des passions hostiles, des haines irritantes, des religieux conflits.

Colombes de la délivrance et de la réconciliation, c'est à vous qu'il appartient encore d'élever au-dessus des abîmes le rameau d'olivier.

FIN.

PARIS. — TYP. COSSON ET COMP., RUE DU FOUR-SAINT-GERMAIN, 43.

www.ingramcontent.com/pod-product-compliance
Lightning Source LLC
Chambersburg PA
CBHW051730050726
47598CB00003B/1129